开国功臣——徐达

吉林出版集团有限责任公司

吉林文史出版社

◎ 主编 金开诚

◎ 编著 王军亮

图书在版编目（CIP）数据

开国功臣——徐达／王军亮编著．—长春：吉林
出版集团有限责任公司，2011.4（2022.1重印）
ISBN 978-7-5463-5053-0

Ⅰ．①开… Ⅱ．①王… Ⅲ．①徐达（1332～1385）-
生平事迹 Ⅳ．①K825.2

中国版本图书馆CIP数据核字（2011）第053494号

开国功臣——徐达

KAIGUO GONGCHEN XUDA

主编／金开诚 编著／王军亮

项目负责／崔博华 责任编辑／崔博华 邱 荷

责任校对／邱 荷 装帧设计／柳甬泽 张红霞

出版发行／吉林文史出版社 吉林出版集团有限责任公司

地址／长春市人民大街4646号 邮编／130021

电话／0431-86037503 传真／0431-86037589

印刷／三河市金兆印刷装订有限公司

版次／2011年4月第1版 2022年1月第5次印刷

开本／640mm×920mm 1/16

印张／9 字数／30千

书号／ISBN 978-7-5463-5053-0

定价／34.80元

前　言

　　文化是一种社会现象，是人类物质文明和精神文明有机融合的产物；同时又是一种历史现象，是社会的历史沉积。当今世界，随着经济全球化进程的加快，人们也越来越重视本民族的文化。我们只有加强对本民族文化的继承和创新，才能更好地弘扬民族精神，增强民族凝聚力。历史经验告诉我们，任何一个民族要想屹立于世界民族之林，必须具有自尊、自信、自强的民族意识。文化是维系一个民族生存和发展的强大动力。一个民族的存在依赖文化，文化的解体就是一个民族的消亡。

　　随着我国综合国力的日益强大，广大民众对重塑民族自尊心和自豪感的愿望日益迫切。作为民族大家庭中的一员，将源远流长、博大精深的中国文化继承并传播给广大群众，特别是青年一代，是我们出版人义不容辞的责任。

　　本套丛书是由吉林文史出版社和吉林出版集团有限责任公司组织国内知名专家学者编写的一套旨在传播中华五千年优秀传统文化，提高全民文化修养的大型知识读本。该书在深入挖掘和整理中华优秀传统文化成果的同时，结合社会发展，注入了时代精神。书中优美生动的文字、简明通俗的语言、图文并茂的形式，把中国文化中的物态文化、制度文化、行为文化、精神文化等知识要点全面展示给读者。点点滴滴的文化知识仿佛颗颗繁星，组成了灿烂辉煌的中国文化的天穹。

　　希望本书能为弘扬中华五千年优秀传统文化、增强各民族团结、构建社会主义和谐社会尽一份绵薄之力，也坚信我们的中华民族一定能够早日实现伟大复兴！

目录

一、弃农从军 辅佐明主

（一）农家少年，跻身行伍

徐达（1332—1385），字天德，濠州永丰乡（今安徽凤阳县）人，出身于一个贫寒的农民家庭。艰苦生活的磨炼，培养了他坚毅勇敢、善于动脑的性格。元朝末年的黑暗统治使他自小就立下大志，要拯救黎民百姓于水火之中。徐达自幼习武，长大以后，成为一个身材魁梧、相貌不凡、智勇双全的汉子。

元至正十三年(1353年)六月,朱元璋回到家乡招募兵士,22岁的徐达听到消息,毅然仗剑从军,投奔到元末农民起义军领袖郭子兴的女婿朱元璋麾下,开始了他的戎马生涯。

初次见面,朱元璋与徐达经过一番交谈,惊奇地发现徐达不仅相貌不凡、身材魁梧,而且才智过人、目光远大,二人谈得甚是投机,于是便有心委以重任。

徐达性格内向,从不轻易向别人透露自己的心思,所以同一行伍的士兵们既夸赞徐达的英武,又畏惧他的威严。也正因为如此,徐达很快便在队伍中树立了自己的威信。更为可贵的是,自从加入红巾军之后,徐达便一直追随在朱元璋左右,两人经常是形影不离,而且两人的想法总是不谋而合。对于朱元璋的委派,徐达也必定竭尽全力去完成任务,并且还不时向朱元璋进献一些"王

霸之略"，也因此，徐达很快成了朱元
璋的心腹。

（二）用兵持重，脱主危难

元至正十四年七月，朱元璋因濠州
起义军内部矛盾尖锐、危机重重，仅率
领徐达、汤和等二十四人离开濠州，南
略定远，谋求独立发展。徐达也随朱元
璋先后夺取了定远张家堡和横涧山寨，
并且补充了兵员，使起义队伍得到了进

一步的壮大。

在经过一段时间的观察和了解后，朱元璋对徐达更加欣赏，并正式委任徐达为镇抚，地位在其他将领之上。尽管徐达这时立下的军功还不足以服众，但由于徐达威望很高，因此，对于徐达的升迁，其他将领们也都心悦诚服。这时的徐达，已经成为朱元璋手下不可或缺的一员得力干将。

徐达在被任命为镇抚之后不久，便和朱元璋一道率军攻打并夺取了滁州城。不久，郭子兴也来到了滁州。虽然，朱元璋在率部离开濠州后，便千方百计招兵买马，扩充自己的势力，但在当时天下大乱、群雄四起的形势下，朱元璋和部将徐达等深知，以他们现有的实力想要在抵御元朝官兵和与群雄角逐中立于不败之地，希望依然渺茫。因此，也只能在郭子兴的麾下逐渐壮大。滁州城攻下之后，挣扎在死亡线上的劳苦大众纷纷要求加入义军，一起反对元朝的黑暗统治。几个月后，朱元璋的兵马已达数万之众，这大大增强了朱元璋、徐达的反元决心以及与群雄角逐的信心。对于前来投靠的众多穷苦百姓，徐达开始夜以继日地帮助朱元璋训练军队，以提高军队的战斗力。

至正十五年正月，由于滁州驻军众多，军队粮饷匮乏，朱元璋建议滁阳王郭子兴派兵攻取和阳，以解决部队的缺粮问题。郭子兴采纳了朱元璋的建议，派部将张天祐等率兵攻取和阳。不久，有传闻说张天祐等全部阵亡。于是，郭子兴命令朱元璋率兵两千前去收集其残兵，并设法夺取和阳。稍后，朱元璋带领镇抚徐达、军师李善长等离开滁州，一路上收得散兵三千余人。但是到了和阳后，才知道张天祐等已经占领了和阳城。于是，朱元璋、徐达等顺利入城，安抚百姓。随后，朱元璋奉郭子兴之命

　　驻守和阳，徐达也随其驻守。

　　不久，原濠州红巾军将领孙德崖等也因其部队缺粮，来到和阳，请求朱元璋资助。朱元璋虽然考虑到这样做对自己不利，但想到孙德崖部人多势众，并且大家同为起义军，因此，朱元璋以大局为重，不计前嫌收留了他的部队。就在这时，有人在郭子兴面前进谗言，说朱元璋的种种不是，而且郭子兴过去也与孙德崖有矛盾，知道这一消息后大发雷霆，亲自从滁州赶来和阳，训斥了朱元璋。孙德崖听说后很担心，便想悄悄地溜走。朱元璋挽留不住，只好为其送行。朱元璋和孙德崖手下的部分兵士先

行出城，正在等待孙德崖，不想忽然城
中有人来报，郭子兴已和城中尚未走掉
的孙德崖部打了起来，孙德崖已被郭子
兴捉住，扣在城里。朱元璋听到后，大
吃一惊，想策马回城劝说郭子兴把孙德
崖放走，然而途中却遭到了孙德崖弟弟
的拦截。其误以为这是朱元璋策划的阴
谋，便把他五花大绑，并扬言要杀掉朱
元璋为其主帅报仇。徐达在城里听说朱
元璋被孙德崖的弟弟扣留，生死未卜，
就毅然请求替代朱元璋作人质，以平息
这起事件。后经多方调解，孙、朱都被
对方释放，这场危机才算平定下来。然
而，在这次事变中，徐达的舍身相救深

得朱元璋的称赞，两人的关系更加密切了，这也成为后来生性多疑的朱元璋会放心大胆地派遣徐达长时间统率重兵外出征战的重要原因，而这一切反过来也为徐达尽情地施展自己的才华、建功立业创造了良好的条件。

（三）举兵长江，所根应天

和阳事件后约两个月，即至正十五年三月，郭子兴去世，朱元璋逐渐掌握了原郭子兴所领导的红巾军的最高统帅权，其实力也得到了很大的加强，同时徐达也更受朱元璋器重。

随着朱元璋地位的提高和实力的增强，他决定率领徐达等将士渡江南下，与元末群雄角逐，争夺对江南的控制权。不久，徐达便随从朱元璋率军攻破了元将俞通海等据守的水寨，直接与元朝大将、中丞蛮子海牙所部元军对垒，南下的战斗正式打响。

至正十五年四月，朱元璋和徐达等统领舰船，大败蛮子海牙于峪溪口，兵临长江。六月，从江北峪溪口顺流东下，大举进攻长江南岸的军事要地——采石。经过激战，朱元璋顺利攻占了采石，建立了进攻江南的桥头堡。然而，在渡江战役初战告捷后，红巾军官兵哄抢粮食、牲畜等财物，打算带回正值饥荒的和阳。朱元璋看到士兵失去了进取心，心急如焚，对徐达等亲信军官说："今天我们侥幸取得了渡江战斗的胜利，应该乘胜直接攻取太平（今安徽当涂县），如果听任士兵拿着财物返回和阳，日后再攻取江东，恐怕就不容易了。"在这关键的时刻，

徐达坚决地站在了朱元璋的一边，并且请求将所有战舰的缆绳全部砍断，以断绝士兵的归心。徐达的立场和态度，进一步坚定了朱元璋继续扩大江南战果的信心。于是，他采纳徐达的建议，毅然下令将船缆全部砍断，并将所乘船只全部推入江水中，彻底断绝了部下将士北归的希望。徐达的建议使得朱元璋如愿以偿，一举攻下了太平。

在朱元璋攻占太平之初，战争的形势并不容乐观。元右丞阿鲁灰、中丞蛮子海牙等率巨舰封堵了采石江口和姑苏口，不仅断绝了朱元璋官兵与江北红巾军之间的联系，而且阻截了朱元璋官兵的北归之路，使得其部下军心不安。与此同时，方山寨民也趁朱元璋立足未稳之机，向太平府城杀来，来势极为凶猛。危急关头，徐达奉命率兵出城，迎战方山寨民，并将其成功击溃。但是，元大将蛮子海牙的水师仍扼守着江面，成为朱元璋的心腹大患。于是徐达在至正十五年八月奉朱元璋之命向东进攻溧水、

句容等地，以期截断蛮子海牙的陆上支援。徐达不负重托，兵锋所至，所向披靡，连克溧水、溧阳后，又回师与常遇春等合力击退扼守长江江面的蛮子海牙的水师，确保了朱元璋安然无恙地进军江南的基地——太平。

至正十六年（1356 年）三月，徐达随同朱元璋率兵大举进攻集庆（今江苏南京市），在顺利攻占集庆后的一天，朱元璋巡视城池，对随行的徐达等说："金陵险固，古代所称为长江天堑，的确是形胜之地啊。这里仓廪充实，人民富足，今天我拥有了它，又能得到诸位的同心协力,何愁大功不成啊!"徐达应声答道:"成功立业并非偶然，今得此地，乃是上天授予的。"不料，徐达这番迷信且带谦让之意的话，在朱元璋听来不仅顺耳，而且深信不疑。当天，朱元璋竟因徐达的这番话，而宣布改集庆为应天。至此，在徐达等人的共同辅佐下，朱元璋终于在江南建立起了一个初具规模的根据地。随后，朱元璋便坐镇应天以经营四方，徐达等为之统兵四出，攻城拓地。

二、转战江淮　平定南方

（一）下镇江，占常州

朱元璋在进占应天后，处境依然是危机四伏。元将平章定定扼守镇江，别不花、杨仲英屯驻宁国（今安徽宣城市），青衣军张明鉴据守扬州，八思尔不花驻扎徽州，石抹宜孙镇守处州，农民起义军领袖徐寿辉占据了池州，起义军领袖张士诚攻陷了平江。朱元璋担心张士诚、徐寿辉恃强将江左、浙右等地吞并，而镇江又是京师应天的后障，如果不立即拿下而被张士诚占领的话，那后果将不堪设想。于是，朱元璋迅速做出决定，派遣徐达率兵乘胜进攻江南军事重镇——镇江。

在朱元璋宣布改集庆为应天后不久，徐达即奉命统兵顺长江而下，水陆并进，东攻镇江。在队伍出征前，朱元璋还为了提升徐达在部队中的威信，导演了一场好戏。在出征这天，朱元璋把徐达等将领全部召集起来，历数他们过去放纵部下扰害百姓的种种过错，并要将他们绳之以法，下令军正使拟定其罪。

直到徐达率领诸将叩头请罪，谋臣李善长也遵照朱元璋的吩咐佯装出面求情，朱元璋才同意不再追究。其实，朱元璋深知，徐达用兵一向是对老百姓秋毫无犯的。他之所以要选择在这个时候演出这场戏，正是为了整饬军纪，使徐达有足够的理由和权威约束部下将士。

至正十六年三月十六日，徐达率汤和等挥兵攻打镇江。次日，即攻陷其城，驻守镇江的元军将领平章定定战死。紧接着，徐达又分兵攻克了属镇江路管辖的金坛、丹阳等县。徐达卓越的军事才

能和出色表现使朱元璋感到非常满意。

三月十九日，朱元璋在镇江开设淮兴翼元帅府，任命徐达为淮兴翼统军元帅，领兵守护其地。七月初一，朱元璋自称"吴国公"，不久设置江南等处行枢密院，又晋升徐达为枢密院同佥。

就在徐达率兵攻克镇江后，张士诚也调兵遣将占领了常州，并且其常州守将还暗中派间谍诱降朱元璋的前线将士，其势力逐渐侵入镇江。徐达侦察到这些情况后，立即派人报告朱元璋，并加紧了城池防护，严阵以待。

至正十六年七月，张士诚派水师进

攻镇江。徐达果断出兵抵御，在龙潭成功地击败了来犯之敌。朱元璋得知消息后，派遣使者对徐达说："张士诚是盐贩出身，奸猾狡诈，将军要多加小心。"并命令徐达先机进取，率军直逼张士诚所占领的常州。就在徐达合兵围攻常州时，得到了张士诚派遣其弟张士德统兵数万增援常州的消息。徐达深知张士德狡而善斗，遂决定以计取之。他先在城外十八里的地方设下埋伏，又命总管王均用率铁骑为奇兵，然后亲自督师迎战张士德。战斗打响后，王均用遵命率铁骑横冲敌阵，张士德的军队阵脚大乱，被

迫退却。徐达所设伏兵乘机杀出，张士德被活捉，其部下被杀被俘者数以万计。虽然打败了张士德的援军，但常州城却久攻不下。同年十一月初六，吴国公朱元璋因徐达无法攻克常州，又派精兵二万前去增援。但张士诚的常州守将为了缓解常州之围，千方百计引诱徐达军前的将士，结果新归顺的义兵元帅郑金院率其部下七千人临阵叛变，严重破坏了徐达的围城计划。常州守军在郑金院叛军的引导下，直捣徐达设在城南的大本营，幸亏徐达遇险不惊，率军奋起抵御，加上常遇春、廖永安、胡大海等将领闻讯后的火速支援，才解了大本营之危。随着常州城内的粮草的日益减少，张士诚的部下士气也日渐低落。至正十七年三月，徐达所部终于占领了常州城。此役后不久，徐达因功由"江南等处行枢密院同佥"升任"佥院"。

同年三月十五日，在占领常州后，徐达又乘胜夺取了位于长江出海口处的马驮沙（今江苏靖江市），成功地将镇江、常州、马驮沙三处联结起来，为吴国公朱元璋的政权中心应天府在东部构筑了一个有力的保护屏障。

（二）战宁国，破池州

至正十七年（1357年）四月中旬，徐达奉吴国公朱元璋之命率兵攻打元军盘踞的宁国路。驻守宣城的元长枪元帅谢国玺弃城出逃，但守臣别不花、杨仲英等率部闭城拒战，于是徐达下令围城。刚刚部署完毕，就有一支元兵赶来支援宣城，徐达发兵大败敌军，斩杀无数，余者四散逃跑。

可是，初战告捷的徐达在随后攻打宣城的战斗中，却遇到了意想不到的阻力。原来，宣城城市虽小，城墙却坚固异常，加之城内守军从城墙上发射和抛掷大量箭矢和石块等反击，使徐达几次攻城，都没有得手，部下死伤惨重，骁将常遇春也在交战中身中流矢负伤。吴

国公朱元璋得报后，立即亲自统帅大军前往增援，并下令制造"飞车"，在飞车前编竹为屏，以遮挡矢石。准备妥当后，朱元璋命令徐达等兵分数道，同时发起猛攻，城中元军渐渐力不能支。至正十七年四月二十三日，孤军奋战的杨仲英等被迫开城投降。宣城告破后，宁国路所属的太平、旌德、南陵、泾县等也相继归入吴国公朱元璋的掌握之中。

至正十七年七月，徐达自应天率兵攻略宜兴，夺取了常熟，降服了大批张士诚的士兵。徐达兵克常熟后，距离张士诚的统治中心平江（今江苏苏州市）已经不到一百里，因此平江大震。

至正十八年正月，吴国公朱元璋亲征浙江婺州（今浙江金华一带），徐达奉命留守应天。二月，朱元璋返回应天，即派徐达水陆并进，西征陈友谅据守的皖城（今安徽潜山县北），并顺势占领池州（今安徽贵池市），大败陈友谅增援池

州的部队。至正二十年（1360年）五月，陈友谅派重兵进攻池州，来势极为凶猛。而徐达早已遵照朱元璋的指示做好了迎战准备，守城的士兵在城上击鼓呐喊，而早已埋伏在九华山上的伏兵也乘势杀出，前后夹击，大败陈友谅兵，歼敌一万余人，生擒三千人。然而，在大败陈兵后，徐达和常遇春却在如何处置三千名战俘的问题上产生了严重的分歧。常遇春主张杀死全部战俘，而徐达坚决反对，并说："现在争夺天下的战争刚刚开始，我们绝不能滥杀战俘而断绝了他们归附我们的希望。"由于二人争执不下，只好派使者请吴国公朱元璋来裁决。正如徐达所预料的一样，朱元璋也不同意杀死战俘。但是，在使者回到池州前，常遇春还是不顾徐达的劝阻，在一天夜里擅自下令将三千名战俘坑杀掉十分之九。此事传到朱元璋耳边，朱元璋对常遇春非常不满，命令徐达将剩下的三百

名战俘全部释放，并对自己委派常遇春
去池州与徐达共掌兵权的决定后悔不已，
决定引以为戒，对身边的人说，日后凡
有征战，只要徐达出马，就命他一人独
掌兵权，统帅诸将。

（三）收复太平，升任相国

至正二十年闰五月，陈友谅挟持徒
有虚位的农民军领袖徐寿辉，统兵攻陷
了朱元璋占据的太平城。随后，他又弑
杀徐寿辉，彻底掌握了蕲黄红巾军的领
导权，并且暗中派人约张士诚合力攻打
应天府。吴国公朱元璋知道如果陈、张

二人联手，自己的处境将会极其不利，于是决定在两股敌军联手之前，主动出击，变被动为主动。主意一定，便派遣陈友谅的故旧持信前往陈军中，谎称愿意为内应，引诱陈友谅迅速来攻应天。在得知陈友谅中计后，朱元璋立即调兵遣将，布下重重陷阱，只等陈友谅上钩。

按照朱元璋的部署，徐达统兵驻扎在应天府城南门外，其他将领也各自领兵分据其他水陆要塞。十日，陈友谅率大军乘船而至，发现中计后，便屯兵龙湾，与朱元璋对峙。徐达等统领水陆官兵奋勇夹击，慌乱之中，陈友谅率领部分将

士仓皇逃往安庆。徐达奉命追击陈友谅，并在采石击溃了陈友谅麾下素以能征善战著称的皂旗军，陈友谅被迫收集残兵败将，放弃太平城，落荒而逃。徐达乘势收复太平。

至正二十一年八月，朱元璋打着"吊民伐罪，纳顺招降"的旗号，率领徐达、常遇春等大将溯江而上，兴师大举讨伐陈友谅。大军所到之处，所向披靡，连克安庆、江州（今江西九江市）、洪都（今江西南昌市）等地。徐达也因在这些战斗中功劳巨大而于至正二十一年升任为"江南等处行中书省右丞"。

经过几年的艰苦努力，吴国公朱元璋不仅在应天站稳了脚跟，而且实力大为增强，形成了与张士诚、陈友谅三强并存的局面。在认真分析形势后，朱元璋决定先除掉陈友谅，后消灭张士诚。

至正二十三年 (1363 年) 四月，陈友谅再次兴兵顺江而下，直入江西，建造高数丈的巨舰，纠集号称六十万人的大军，倾巢而出，进围洪都。朱元璋守将朱文正、邓愈、赵德胜、薛显率领全城将士殊死搏战，坚守八十五天，陈友谅军仍未能攻破城池。南昌守军浴血奋战，为朱元璋从容调兵遣将，准备与陈友谅决战赢得了宝贵的时间。

七月初六，徐达遵照朱元璋的指令，回师救援南昌。朱元璋在龙江 (今江苏南京兴中门外) 誓师，亲率大军二十万进击陈友谅。陈友谅听说朱元璋亲率大军到来，遂解南昌之围，东出鄱阳湖返战。这是一场关系到双方生死存亡的大决战，史称"鄱阳湖之战"。徐达作为主攻部队，率军先行，首先与陈友谅相遇于康郎山 (今江西南昌康山)，两军依湖对

阵。陈友谅军人多势众，舰船高大，气
势汹汹。徐达毫无惧色，亲率诸将冒死
闯阵，其部下将士大受鼓舞，无不以一
当十，奋勇冲杀。徐达一举击败陈友谅
前锋，斩杀一千五百余人，缴获巨舰一艘，
初战告捷。接着俞通海等乘风发射火炮，
焚毁敌船二十余艘，烧死、溺死很多敌
军。徐达在敌阵中奋力拼杀，连续酣战。
大火从敌船上烧到徐达的战船上，他一
面指挥士兵扑火，一面继续与陈军格斗，
越战越勇，并指挥战船在敌阵中节节推
进。双方在康郎山鏖战整整一天，湖水
被血染成了红色，天空也被炮火硝烟遮

蔽得暗淡昏黑。朱元璋军在徐达等勇将的率领下，殊死搏战，击退陈友谅的进攻。此战，徐达首挫敌锋，壮大全军声威，为朱元璋取得决战胜利奠定了基础。当天晚上，朱元璋为防止东线张士诚利用鄱阳湖大战乘机入寇，命令徐达撤出战斗，回守应天。徐达走后，朱元璋指挥将帅士卒继续与陈友谅在鄱阳湖上血战，终于击毙陈友谅，全歼陈军主力，取得鄱阳湖大战的胜利。

徐达回到应天后，严格训练部队，加强东线守备力量。缉查奸细，修缮城

池，张士诚无缝可钻，未敢贸然进犯。后来朱元璋称赞徐达说："我让徐达回守应天最为放心，无论遇到什么问题，他都能妥善处理。"可见朱元璋对徐达多么信任。

鄱阳湖大战后，朱元璋还师应天。徐达等率军攻克庐州，不久，奉命再返湖广前线。徐达先后率兵攻取江陵（今湖北荆州）、夷陵（今湖北宜昌）、湘潭州（今湖南湘潭）、辰州（今湖南沅陵）、衡州（今湖南衡阳）、宝庆（今湖南邵阳）、靖州（今湖南靖县）等地，彻底肃清陈友

谅残余势力，占领湖湘地区。徐达在消灭陈友谅割据集团的战役中，身经数十战，建立了赫赫战功，为表彰徐达的功绩，朱元璋在至正二十四年正月称吴王后，任命徐达为左相国，地位在众将之上。

时至元至正二十五年秋，江淮流域的反元斗争形势发生了显著的变化。吴王朱元璋在铲除了陈友谅之后，已成为当时实力较为雄厚的一支力量，唯一可与之抗衡的就剩下了以平江为据点的张士诚部。

至正二十五年(1365年)十月，吴王朱元璋因张士诚屡犯其领土，决定兴兵讨伐。十四日，徐达等奉命率马步舟师水陆并进，攻取淮东、泰州等地。大军渡过长江，一举攻克泰州海安坝(今江苏海安)，进围泰州。经月余血战，终于攻克泰州，擒守将严再兴等五千余人。之后，徐达又攻下通州、兴化、濠州等地。徐达在这些战斗中，师出迅捷，变化无穷，表现出卓越的军事指挥才能。

（四）攻取平江，受封国公

徐达统兵削平淮南地区，不仅达到了吴王朱元璋剪除张士诚肘翼的预期目标，而且进一步壮大了吴王政权的声威，

为吴王朱元璋随后派兵消灭张士诚创造了良好的条件。至正二十六年八月初二，吴王朱元璋任命中书左相国徐达为大将军，平章常遇春为副将军，率军二十万讨伐张士诚。徐达巧用反间计，使张士诚的老巢平江完全陷入孤立。在轻取湖州（今浙江湖州市）后，徐达乘胜挥师向平江进发。为了牵制张士诚的兵力，吴王朱元璋在至正二十六年九月特地派遣部将朱文忠率兵进攻杭州，支援徐达。同年十一月二十五日，徐达从太湖西侧出兵平江城南，放火焚烧了张士诚停泊在湖中的一千余艘战船及大量物资。随后，率水陆大军围攻平江城。

　　为了截断平江城与外界的联系，封锁其粮饷物资供应线等，徐达对围城任务进行了周密的安排。但是，由于平江城坚固异常，张士诚亲自督守等原因，徐达围攻平江之初，成效并不显著。为了进一步孤立平江城守敌，打击张士诚的士气，徐达又分兵攻取了平江附近的太仓等地，张士诚部下驻守崇明（今上海崇明县）、嘉定（今上海嘉定区）、松江（今上海松江区）等地的守臣也纷纷归降。就在此时，驻守无锡的张士诚麾下将军莫天祐派出的联系无锡与平江的奸细被徐达抓获。徐达不但没有把他当做奸细关起来或处以死刑，反而亲自帮他解开了绳索，和他推心置腹地交谈起来。

徐达的诚意终于收到了效果，这名使者答应真心降服。徐达让他继续充当莫天祐和张士诚之间的信使，进一步掌握了张士诚的兵力虚实，从而也使得围攻平江城的计划更加完备。元至正二十七年八月，在徐达兵围平江城长达九个月后，张士诚与外界的一切联系几乎全被切断，内无粮草，外无援兵，几次突围又都惨遭失败，已经到了山穷水尽的地步。而张士诚对徐达的劝降又心怀狐疑，不肯俯首就擒，徐达于是决定对平江城发起总攻。

九月初八，徐达亲自督率将士攻克葑门，同时常遇春也率部攻破了阊门，直逼平江内城之下。张士诚坐镇军门，派遣枢密唐杰登城指挥战斗，唐杰深知不是徐达的对手，平江城势必不保，率先举兵投降，其他将士见状也相继投降。至傍晚时分，徐达部下各路将士已成功地突破了敌军的防守，进入平江城内。张士诚兀自率兵巷战，但其手下将士已无斗志，纷纷投降。张士诚见大势已去，纵火焚死其妻儿，自己上吊自杀，被其部将解救，徐达将其押送应天。破城之日，徐达严格约束部下，立下军令："掠民财者死，毁民居者死，离营二十里者死！"率军入城，纪律严明，秋毫无犯，很受百姓的欢迎。就在平江城破、张士诚被俘后，原张士诚部下骁将、驻守无锡的莫天祐于元至正二十七年九月十四日率部投降。同年九月二十八日，徐达因功勋卓著封信国公，是此次封赏的最高爵位。

三、统兵北伐　推翻元朝

1367 年十月二十一日，吴王朱元璋正式任命徐达为征虏大将军、常遇春为副将军率师二十五万北取中原。北伐大军的第一个目标直指驻守山东的元兵。就在徐达等出师后的第二天，吴王朱元璋向中原地区齐鲁、河洛、燕蓟、秦晋一带的人民发布了北伐檄文，宣布他派兵北伐的目的在于"逐胡虏，除暴乱，使民皆得其所，雪中国之耻"。这篇檄文的发布，对徐达所率北征将士获取中原地

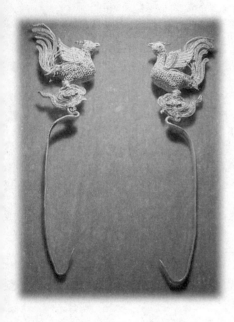

区士民更广泛的理解和支持，减少其进军的阻力，发挥了一定的积极作用。

（一）平息沂州之乱

吴元年十月二十四日，大将军徐达率军到达淮安，遂派使者持信前往山东沂州（今山东临沂市），招降在山东颇具影响的王宣及其子王信所领导的元朝地方武装。王信收到徐达的招降书后，于二十八日遣使前来请降。但王信父子并不是真心投降，他们表面上服从徐达调遣并派官员到徐达军中犒劳将士，私下里却秘密到莒县、密州募兵，为抵御徐达做准备。十一月初十，王宣在所派犒军官员回到沂州后，立即派兵乘夜袭击徐达派驻沂州的将士徐唐臣等，徐唐臣乘乱逃回徐达军营。徐达在得知王宣降而复叛的消息后，当即率军直抵沂州城，扎营于北门外。起初，徐达仍想招降王宣，又派人前去劝说。王宣为了拖延时间，等待外出招募兵马的儿子王信带兵来援，仍故技重演，答应投降，却仍是闭门拒战。徐达大怒，指挥部队猛攻沂州城，由于王信募兵未归，王宣自知抵挡不住徐达的进攻，被迫在十二日向徐达投降，并交出了元朝廷授予的沂国公印等。随后，徐达命令王宣修书一封，派部将前去招降其子王信。但王信拒不从命，并杀害了徐达派去的使者，与其兄王仁逃往山西。徐达因愤恨王宣的阴险狡诈、反复无常，且恼怒王宣之子杀害了其部将，于是下令处死了王宣。

（二）智取山东

徐达平息沂州之乱后不久，受其影响，元山东莒州、沂水、日照等地守将纷纷来降，并遵照吴王朱元璋的谕令命部将韩政扼守黄河要冲，以断山东援

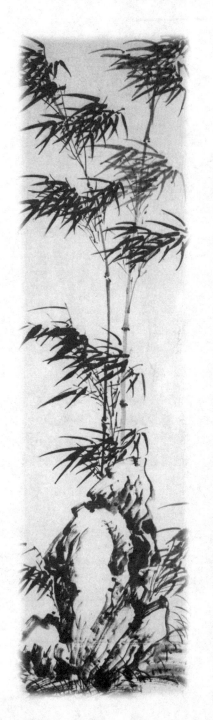

明 徐达

兵。徐达亲统大军向益都（今山东益都市）方向推进。益都守将拒绝招降，徐达对部下说："益都倚仗的是河上的援兵，现在我已派兵扼守黄河，断绝了后路，他们还不知道自己已经成了瓮中之鳖了。"于是下令填坝攻城。十一月二十九日，徐达攻陷益都，活捉了元益都守将。紧接着，徐达又乘胜出兵，连克寿光、临淄、昌乐、高苑等县及潍、胶、博兴等州。此役，共计俘获元军将士一万零五百余人，马骡一千六百余匹，粮十八万九千余石。十二月初六，大将军徐达兵至章丘，元守将右丞王成投降。次日，抵达济南，留守的元将举城投降，收复济南，俘虏元军二千八百五十五人，马四百二十九匹。随后徐达率兵进攻山东半岛，元军驻守莱阳、登州、宁海（今山东烟台市牟平区）的守将纷纷请降。在北伐军的节节胜利声中，朱元璋于1368年正月在应天登基称帝，建国号为大明，建元洪武。徐达被封为中书右丞相、兼太子少傅。

洪武元年二月初四，元滨州守将来到济南，投降徐达。次日，徐达派遣副将军常遇春率兵自济南攻取东昌（今山东聊城市），十二日，东昌被攻克，元守将自杀身亡，其所属各县全部投降。至此，山东全境基本平定。

自吴元年十一月至洪武元年三月，徐达所领导的北伐大军经过约四个月的鏖战，不仅基本上统一了山东，达到了明太祖朱元璋撤除元朝大都屏障的要求，而且俘虏和收编了大量元朝官兵，缴获了大量物资。徐达在征战过程中，不仅能够充分利用手中的职权，妥善处理有关战争善后等问题，而且徐达行军过程中，军纪严明，对沿途百姓秋毫无

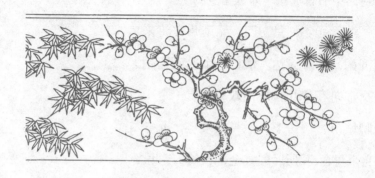

犯，并从新收编的元军将士中挑选精壮者从军，在补充和扩大北伐队伍的同时，也解除了后患。徐达的表现，充分展示了他的大将之才，也令坐镇京师的明太祖大感宽慰，并对其愈加信任。

（三）挥师汴洛

洪武元年三月，徐达统率北伐大军自山东郓城出发，经水路逆黄河而上，进取河南汴梁（今河南开封市）。当月二十九日，徐达兵至汴梁陈桥。元汴梁守将李克彝闻讯十分震惊，立即将避难到此，并多次与徐达交锋的左君弼召来商量对策。李克彝说："将军与南朝数次交战，熟悉他们的阵法。今天我将兵权授予将军，作为前锋抵挡徐达，怎么样？"左君弼一方面因为感激明太祖将被俘虏的年迈母亲送回，心中早有降意；另一方面他经过与徐达几番交锋后，不仅对徐达心存畏怯，而且在失败中发现徐达确实精于用兵之道，所以他回答李克彝

道："南朝军锋势不可当，我一看到他们的阵势就胆怯，所以才投奔到此地。而且南朝徐相国很善于用兵，一直所向无敌，我实不敢受命。"于是，李克彝被迫连夜逃往洛阳，左君弼等率部出城投降，徐达领兵入驻汴梁城。

洪武元年四月初四，徐达命都督金事陈德驻守汴梁，自己亲自统率步兵和骑兵直捣元河南行省省府所在地洛阳。四月初八，徐达率大军通过虎牢关，还未抵洛阳城，即遭到元将脱因帖木儿领兵五万，在洛水以北十五公里的地方列阵迎战。徐达布阵完毕后，副将军常遇春单骑突入敌阵，遭到敌人二十名骑兵持槊围攻。常遇春沉着应战，一箭射杀其前锋，敌军为之丧胆。徐达见状后，指挥大军趁势出击。正在这时，忽然南风骤起，战场上尘土飞扬，呼喊厮杀声惊天动地，迎风而战的元军阵脚大乱，仓皇败逃。徐达率兵一路追杀，俘获战

俘物资无数。脱因帖木儿逃往陕州。徐
达旋即率兵进逼洛阳城，在北门外安营
扎寨。由汴梁逃到洛阳的元将李克彝逃
往陕西。元河南行省平章、梁王阿鲁温
势孤力单，被迫率领洛阳军民出降，洛
阳宣告平定。

　　在徐达的北伐大军连克汴梁、洛阳
两大城池后，河南元军已显出土崩瓦解
之势。但是大将军徐达并没有因此滥用
武力，反而采取了极大的克制态度。他
派人招降河南各地的元军残部，尽可能
避免使用武力，力求将战争给人民造成
的损失降到最低点。在徐达的招抚政策
下，元嵩县、荥阳、登封、巩县（今河
南巩义市）、钧州（今河南禹州市）、汝
州等地守臣皆来归附，而徐达也乘机派
兵攻占了中原和西北地区之间的军事要
塞——潼关。

（四）攻克元都

徐达顺利攻占汴梁和洛阳并扼守潼关要塞的消息传到应天后，明太祖朱元璋决定亲自北上，与大将军徐达等会合，共同商议推翻元朝，占领元大都的部署。

洪武元年五月二十一日，明太祖御驾来到汴梁，并诏令改汴梁路为开封府。六月初一，军务繁忙的大将军徐达从洛阳赶赴开封，谒见明太祖。明太祖在对徐达一番称颂和慰劳之后，转入正题，对徐达说："朕闻河朔之民，日夕望吾师至，将军宜与诸将乘时进取而安缉之。朕观天道人事，元都可不战而克。大丈夫建功立业，各有其时。揆时之会，不

失时机，在将军等勉之。"明太祖的话正
是勉励徐达等抓住时机，率兵北进，推
翻元朝统治，为国建功，为己立业。而
徐达也早在心中谋划过此事，因此，君
臣二人不谋而合。于是，两人开始仔细
商讨北取元都的具体计划。明太祖朱元
璋虽然认为徐达提出的从河南直取元都
的建议不无可行性，但他还是坚持让徐
达按照自己拟定好的渡过黄河经冀南转
而东向，然后由齐鲁北上进攻元都的想
法进军。

　　洪武元年闰七月初二，大将军徐达
从开封启程，统率大军北渡黄河，进取
豫北州县。沿途元朝守将大多弃城而逃，

卫辉（今河南卫辉市）、彰德（今河南安阳市）等地划归明朝版图。初七，徐达继续统兵北上，进占河北磁州（今河北磁县）。次日，师至邯郸，元守将出逃，县尹率百姓出降。十一日，徐达遵照明太祖的指令，率军东向，进入山东临清，并调派驻扎东昌（今山东聊城）的张兴祖前来会师，共同北上。二十三日，在连克长芦（今河北沧州市）、清州（今河北青县）后，徐达兵至直沽（今天津市），缴获元军七艘海船，并联结成浮桥，使北伐大军顺利渡过海河。经过几天的激烈交战，元大都外围兵力已被清除，徐达率兵进驻通州城（今北京通州区），兵锋直指元大都。元顺帝得报后，大为恐慌，当晚带领其后妃、太子等悄悄溜出京城，逃往上都（今内蒙古多伦市西北）。
八月初二，徐达亲率大军轻取大都，俘
获元高官数十人，查封元朝府库及各种
图籍宝物等，并严明军纪，贴出安民告示，
使得大都城内秩序井然，百姓交口称赞，
拍手称快。至此，入主中原半个多世纪，
由蒙古族建立起来的元朝政权正式宣
告灭亡。八月十三日，徐达攻克元大都。
推翻元朝政权的捷报传到应天，群臣庆
贺，明太祖诏令改大都为北平。至此，
历时近一年的北伐战争胜利结束。

四、棄出北平　平定西北

（一）整治北平

徐达率部攻克元都后，在遣使赴京告捷的同时，又积极采取措施，加强以大都为中心的新占领区的军事布防，设法巩固和扩大北伐战争的成果。

洪武元年八月初三，即进驻北平城后的第二天，徐达就令右丞薛显，参政傅友德等率精锐骑兵前往大都北边的古北等隘口巡逻，阻止塞外元朝残兵南下

入侵，也谨防内地元残兵北逃，泄露军事机密。这些措施加强了对北平的管理力度，明显稳定了北平的社会秩序，使人民的生活环境得到了很大的改善。

八月十五日，明太祖因元朝都城已被攻克，命令大将军徐达、副将军常遇春率军攻取山西，同时诏命以御史大夫汤和为偏将军，与平章杨璟一道随从大将军徐达征讨山西，又令徐达留兵三万，设置燕山等六卫，以防守北平。徐达奉诏后，下令改乐安卫为燕山左卫、济宁卫为燕山右卫、飞雄卫为大兴左卫、淮安卫为大兴右卫、清州卫为永清左卫、徐州五所为永清右卫，并遵照明太祖的吩咐，命都督副使孙兴祖等率六卫将士驻守北平。同时，为了加强北平城防，徐达下令丈量元皇城，加固城墙，还特意将北平的"安贞门"改为"安定门"，"建德门"改称"德胜门"，借此希望北平社会安定，人民幸福。

（二）平定山西

　　洪武元年八月二十日，徐达遵明太
祖之命，派右丞薛显、参政傅友德等
率兵袭击山西大同，骚扰敌军后方。同
时调兵遣将，分别由北平、河南两路出
兵，计划从晋东、晋南同时进逼元朝大
将、实权派人物扩廓帖木儿（汉名王保保）
的巢穴——山西太原。原来自徐达率部
进占河南后，山西太原就成了王保保的

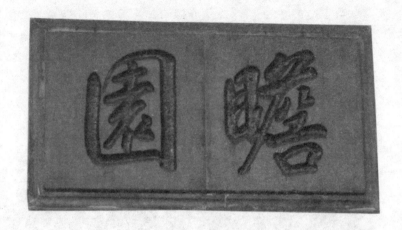

活动据点。王保保自元末义军兴起之时，就手握军权，拥兵自重，并逐渐形成了半独立的地方武装势力。虽然此前徐达在率部攻克元大都后，曾派遣使者去劝降过王保保，但由于王保保在元顺帝北逃后，奉有收复北平之命，更重要的是当时的王保保还手握重兵，他本人也是身经百战、威名远扬的一代名将，所以他对徐达的招降不予理睬。

为了扫清进军山西的障碍，确保后方无虞，徐达在当年九月派副将军常遇春、参政傅友德等率兵离开北平，陆续攻占了保定、中山府（今河北定州市）、真定（今河北正定县）等河北诸州县及距太原仅二百余里的平定州（今山西平定县），荡平了由北平通往山西的元朝残余势力。而在北路进军线路得到疏通的同时，洪武元年八月二十六日，明太祖诏令右副将军冯宗异率兵协助大将军徐达进取山西，徐达因此如虎添翼，利用冯宗异及前不久奉明太祖之命出征山西的汤和、杨璟所率将士，由河南自南向北进攻，开辟进攻山西的第二战场。南路军一路北上，连续攻占了武陟（今河南武陟县）、怀庆（今河南沁阳市）、泽州（今山西晋城市），并于同年十月夺取了距太

原约四百里的晋南重镇潞州（今山西长治市），从而使得两路大军得以相互呼应，对山西形成了钳形攻势。

洪武元年十一月初三，徐达亲率右丞薛显等，统兵自北平进攻山西。十日，徐达统兵由保定进驻真定，与副将军常遇春会师于柳亭。这时，徐达得知元将王保保已奉元顺帝之命，率兵自太原出雁门关，准备取道保安州（今河北张家口市东南），经居庸关进攻北平。徐达认为驻守北平的都督副使孙兴祖及燕山六卫将士足以抵御进犯之敌，自己不但无

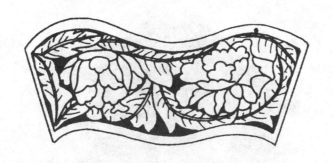

需回援北平，而且可以乘虚捣毁王保保
的巢穴，进占山西。于是，他对部下将
领说："王保保率师远出，太原必虚。北
平孙都督（指孙兴祖）总六卫之师，足
以镇御。我与尔等乘其不备，直抵太原，
倾其巢穴，则彼进不得战，退无所依，
此兵法所谓'批亢捣虚'也。若彼还军
救太原，则已为我牵制。进退失利，必
成擒矣。"众将认为徐达分析得很有道理，
一致赞成他的计策，从而加快了进军太
原的步伐。

洪武元年十一月二十七日，徐达等
率师经平定州，克寿阳县，抵达太原附近。
随后，他暗中派人持信前往潞州，督促
右副将军冯宗异率部严师以进，配合北

平之师夹击太原。

王保保行至保安州，听说徐达亲统大军进逼太原，唯恐巢穴失守后，自己进退无依，所以立即回师迎战，来势十分凶猛。见敌人来势汹汹，副将军常遇春向徐达献计说："我们骑兵虽多，但步兵还没赶到，还不能和他们开战。不如派精兵夜袭他们的营地，那时王保保的将士必然混乱，就可使其主将束手就擒。"徐达觉得他的建议很好，表示赞同。恰在其时，王保保手下部将派人前来约降，并请充当内应。于是，徐达当机立断，不待右副将军冯宗异兵至，在十一月二十九日夜袭了王保保营地。当时，王保保正借着烛光在营帐中看书，突然发觉部众一片混乱，心知大事不妙，仓促之间不知所措，慌忙中连靴子都来不及穿好，竟然光着一只脚，从营帐后面溜了出去，骑上一匹没有鞍辔的战马，仅带着十八名随从狼狈出逃。次日黎明，太原内应王保保部将率太原城将校出降，太原告克。此役，共俘虏元军将士

四万余人、马四万余匹。

由于攻占太原比预期的顺利很多，所以在太原告克至冯宗异奉命率部至太原与徐达大军会师前的这段时间里，大将军徐达与右副将军冯宗异分别出兵攻占了晋中、晋南众多州县。洪武二年正月初五，右副将军冯宗异、偏将军汤和等率部抵达太原，与徐达所率北平之师正式会师。随后，徐达对各部兵力进行综合调配，统一部署。十九日，副将军常遇春奉徐达命自太原率兵攻取晋北军事重镇大同。二十一日，参政傅友德又奉命率兵屯守晋北另一军事重镇朔州。

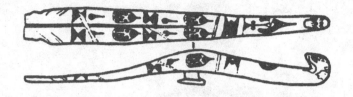

（三）平庆阳之乱，荡关陇残敌

　　山西全境告克后，徐达又马不停蹄地挥师西渡黄河，扫荡盘踞在关西的元朝残部和当地地主武装。洪武二年二月二十九日，大将军徐达统率大军自平阳（今山西临汾市）进驻河中府（今山西永济市西南），命随从副将军常遇春、右副将军冯宗异率先西渡黄河，进军陕西。三月初一，徐达亲率大军自河中渡过黄河。三月初六，大军渡过渭水，进至咸宁（今陕西西安市）近郊，元陕西守将出逃。次日，徐达整兵入城，所率将士秋毫无犯，受到了三秦大地人民的热烈欢迎。当天，徐达下令改奉元为西

安。接着，徐达派兵攻占凤翔，通过陇州（今陕西陇县）直抵秦州（今甘肃天水市）。四月初十，徐达率兵夺取宁远（今甘肃武山县），次日，进军至巩昌（今甘肃陇西县），元守将相继来降，徐达均以礼待之，当日，派遣右副将军冯宗异率部西征临洮，都督副使顾时、参政副使戴德率部进攻兰州。十三日，冯宗异兵至临洮，元大将李思齐不战而降。同日，都督副使顾时等也攻克兰州。

徐达在降伏了李思齐并占领了西北军事重镇兰州后，决定挥师东进，消灭长期盘踞在西北地区的另一支实力较强的元朝残余势力，那就是庆阳张思道兄弟。进攻庆阳途中，徐达率部过关斩将，攻城略地，势如破竹。而驻守庆阳的张思道在获悉明朝征西大军平定临洮的消息后，内心已经恐慌。待到徐达所遣使者来到庆阳，王保保在西安州大败的消息传开后，张思道更加惧怕。他不敢与徐达临阵对敌，但又不甘心俯首就擒，于是此后不久，便留其弟弟张良臣与平章姚晖率兵驻守庆阳，自己带着一些轻

骑逃往宁夏，结果在宁夏被王保保监禁。张良臣为人狡诈，而且骁勇善战。但是他在奉命留守庆阳后不久，就陷入了徐达西征大军的包围之中，处境十分被动。当王保保关押哥哥张思道的消息传来，又使得张良臣对北元朝廷极为不满，而且倍感孤立。就在这时，徐达派去招降的人来见张良臣。张良臣乘此机会于五月初八向徐达投降。

由于此前明太祖朱元璋曾提醒过大将军徐达要提防张思道、张良臣兄弟使诈，所以当张良臣遣使请降时，徐达表面上坦然接受了他的投降，内心却并没有放松对张良臣的戒备。为此，当张良臣的使者返回庆阳复命时，徐达特意派遣右丞薛显率骑兵五千、步卒六千随同

前往庆阳，这样做，正是为了尽快接手庆阳防务，以免张良臣出尔反尔。

果然不出徐达所料，张良臣投降实为情势所逼，并非出自真心。所以当他得知徐达派遣一万多名官兵前来庆阳的消息后，立刻疑心大起。五月十五日，薛显等抵达庆阳。张良臣亲自率众出城，匍匐道旁相迎，并且进献牛肉、美酒，装出一副卑躬屈膝、诚心归顺的样子，以此欺骗薛显，使他们放松警惕。当天晚上，张良臣就发动叛乱，出兵袭击薛显军营。薛显等毫无防备，在叛军的猛烈冲击下很快便溃不成军，指挥张焕被叛军俘虏，薛显负伤逃回徐达军中，所率一万多名官兵损失殆尽。

虽然庆阳之叛有些突然，但徐达闻讯后，并没有惊慌。他一面安抚薛显，一面召集诸将商量对策，并胸有成竹地对诸将说："张良臣的叛乱只能是自取灭亡，我将与诸公共诛之！"不久，右副

将军冯宗异、参政傅友德得知庆阳张良臣叛乱的消息，自临洮率军前来助战。御史大夫汤和也率部来与徐达会师。六月十七日，徐达兵驻镇原，命令右副将军冯宗异、御史大夫汤和、都督副使顾时、参政傅友德等率兵四面进围庆阳城。而张良臣并没有把平叛大军放在眼里，公然打开庆阳城西门外出取水，而且故意放纵人马在城下驰骋，藐视徐达大军。徐达大怒，令冯宗异率部继续推进，进逼庆阳城西门扎营。十八日，张良臣派兵从东门出城进攻围城官军，都督副使顾时率兵迎战，将其击败。十九日，徐达亲自督军攻打庆阳四门，城上箭如雨下，攻城失利。二十日，张良臣亲自带兵出西门挑衅，被右副将军冯宗异击败退回城中。六月二十八日，时值盛夏的庆阳突然风雨大作，洪水泛滥成灾。当地百姓历经战乱，又逢天灾，苦不堪言。但这对被围在庆阳城中、水源严重不足的叛军来讲，却是取水、储水的良机。所以张良臣乘此机会派遣大批叛军出城抢水。徐达部下官兵奉命阻击，双方激战至半夜，叛军大败，狼狈逃入城中。在此之前，由于庆阳城被围日久，城中粮饷及用水等供应都日益紧张，张良臣的屡次出战又均以失败告终，而等来外援的希望又微乎其微，所以张良臣部下的军心开始动摇，暗中出城投降者也越来越多。

为了挽回败局，稳定军心，张良臣在七月初四又趁庆阳刮大风之机，发兵进攻围城官兵，结果还是被徐达所率将士打得落花流水。初五，内外交困、恐惧万分的张良臣被迫登上庆阳城头，向城下大呼请降。但是，徐达因张良臣为人狡诈，认为这次请降也未必是出自真心，再加上愤恨他反复无常、屠杀了大批西征将士，决心要将他正法，所以断然拒绝了张良臣的投降请求。在此种情况下，原来与张良臣共守庆阳的守将感觉生存的希望越来越渺茫，于是萌生了

投降徐达的念头。八月二十一日，庆阳平章姚晖等偷偷打开城门，迎接徐达所部西征将士。徐达率兵自北门入城，占领庆阳城。庆阳陷落后，张良臣与其父企图一起投井自杀，徐达命令士兵将他们从井中拉了出来，一并处以死刑。至此，庆阳之乱被平定。

洪武二年九月，大将军徐达与御史大夫汤和一道自平凉起程回京，结束了他长达两年多的北伐和西征之行。右副将军冯宗异奉旨总掌西北地区军务。

五、扫荡残元　威震北塞

（一）兵分两路，夺取定西

洪武二年十月，元大将王保保在得知明朝大将军徐达返回京师应天的消息后，又开始肆无忌惮地派兵南下骚扰明朝边境地区。十二月二十九日，王保保率兵袭击兰州，直抵城下。明朝兰州守将张温立即召集各部将官，对他们说："如今敌众我寡，难以与之战。然元军远道而来，还不知道我军多寡，我军可在晚上偷袭之，挫杀敌人的锐气，敌人不退我们可以固守以待援兵。"当天晚上，张温就乘敌人新到，立足未稳，人疲马乏之机，集合城中兵马，悄悄打开城门，摸黑向敌军发起突然袭击。王保保虽然屡经征战，但是对张温的这种大胆举动还是没有充分的思想准备，因此在张温部队的猛烈冲击下，被打得狼狈不堪，纷纷退却。不过，王保保最终还是倚仗人多势众，抵住了张温的进攻。黎明时分，张温及时收兵回城。随后，王保保又率兵将兰州城重重包围起来。张温为了保存实力，坚守城头，不再出战。

驻守巩昌的明朝将领于光得知王保

保兵围兰州的消息后，迅速率部赶来增援，结果在兰州城外马兰滩突然遇上了王保保的军队，于光不幸战败被俘。元兵将于光押到兰州城下，强迫他叫张温出城投降，不料于光却对城上守军大声喊道："我不幸被执，公等坚守，徐总兵（指徐达）将大军行至矣！"元军大怒，将他杀害。城中守军听了于光的这番话后，士气高涨，守备更加坚固，而王保保又担心于光所言当真，徐达率大军前来自己不支，因此自兰州撤围而去。

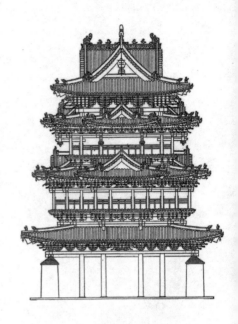

　　洪武三年正月初三，由于王保保一再举兵南侵，成为西北的严重边患，在加上元顺帝及其幕僚北逃后还未被消灭，明太祖再次诏令右丞相、信国公徐达为征虏大将军、浙江行省平章李文忠为左副将军、都督冯胜为右副将军、御史大夫邓愈为左副副将军、汤和为右副副将军，命令他们率师北征沙漠，扫荡元朝残余。出征前，明太祖问徐达等道：

"元主迟留塞外，王保保近以孤军犯我兰州，其志欲侥幸尺寸之利，不灭不已。今命卿等出师,当何先?"徐达等回答说："王保保之寇边者，以元主犹在也。若以师直取元主，则王保保失势，可不战而降也。"但是，明太祖认为徐达等提出的方案不是很好，他命令徐达等兵分两路，一路由大将军徐达率领自潼关出西安，捣定西，以取王保保；另一路由左副将军李文忠率领，出居庸关，入沙漠，以追元主。这样使其彼此不能应援。徐达等表示赞同并即日起程北征。

　　与以往明显不同的是，徐达这次挂印出征，所率人马从一开始就被一分为二，他们不仅分工不同，而且是在两个相距甚远的区域同时作战。其中，西路军由徐达亲自指挥，主要任务是征讨屡犯西北地区的王保保；东路军主要任务则是追击逃居漠北的元朝旧主元顺帝。从当时的情况来看，明朝官兵两路同时出动，如果进军都比较顺利，或者其中一路能够率先取得决定性的胜利，则势必使元顺帝与王保保之间不能互相救

援，大大增加明朝军队取得全面胜利的把握；倘若其中一路先行失利甚至溃败，则另一路必将遭到元军的全力反攻，从而面临更大的军事压力，不但难以取得理想的出征效果，而且有可能同样遭遇不测，最终导致战争的全面失败。正因如此，看似没有多大关联的两路官兵，实际上是生死相系的。

甘肃定西距离明朝京师路途遥远，道路崎岖，徐达费时两个多月，直到三月二十九日才率领西路军经潼关、西安，抵达定西州。就在徐达一路跋山涉水，马不停蹄地赶往西北的时候，王保保由于入侵兰州未得手，仍心有不甘，在洪武三年正月率兵夺取了定西州的西巉，并以此作为据点，四处掳掠定西及周边地区百姓。尽管王保保曾多次败在徐达手下，对徐达心存畏怯，但他依仗着自己手下的近十万兵马，下决心要与徐达一决雌雄。为此，他迅速退兵至地势更为险要的车道岘，抢占了有利的地形。不久，徐达率部离开安定城，进驻沈儿峪，派遣部将邓愈率兵马逼近王保保驻

地，在敌人营垒附近一条深沟的另一侧安营扎寨。尔后，双方连战数日，难分胜负。但是，由于王保保是率部渡过黄河、跨越长城远道南侵，其粮草等物资供应困难，而他所驻之山区虽然地形复杂，易守难攻，却也难以外出掠取给养。而徐达在距车道岘不远的兰州、会宁等地都有驻兵，相当于本土作战，粮草、兵员等补给十分充足。如果双方的对峙局面持续下去，对王保保势必更加不利。王保保长年征战，自然清楚自己的处境，

所以他在与徐达对阵拼杀的同时，企图出奇制胜，尽快击溃徐达，结束这场战争。

　　四月初八，王保保为了打破僵局，暗中派兵一千余名，从小路绕到徐达阵后，出其不意地向徐达部署在阵东南的兵营发动突然袭击。东南营官兵既疏于防范，又没有充分的思想准备，因此面对突如其来的敌人，顿时惊慌失措，乱成一团，主将左丞胡德济仓促之中更是不知如何进退。幸亏徐达在得报后亲自率兵赶来，杀退了来犯之敌，才不致酿成大祸。为了严肃军纪，徐达下令斩杀东南营指挥及将校数人示众，其余官兵均不敢有半点疏忽怠慢。第二天，徐达整兵再战，他身先士卒，在主帅徐达的带动下，明朝官兵无不争先恐后，奋勇冲杀，以一当十，冲进敌阵，大败王保保，俘获王保保将校士卒八万余名，缴获马匹一万五千余匹及大批骆驼、驴骡等牲畜。王保保仅带着妻子、儿子等数人仓

皇北逃，在黄河中抱住河面上顺流漂浮的树木，勉强泅水渡过黄河，经宁夏直奔和林而去。

（二）解围兴元城，晋封魏国公

五月初一，徐达统领大军离开定西，向陕南进发，准备夺取尚在北元兵控制之下的兴元路（今陕西汉中市）。兵抵徽州（今甘肃徽县）后，徐达与都督冯胜、参政傅友德、左丞李思齐等一道，率领大队人马南下，直逼略阳（今陕西略阳县），生擒元略阳守臣。接着，徐达等又转出东南，占领了沔州（今陕西勉县），准备由此东攻兴元。与此同时，凤翔守将金兴旺则奉徐达之命迅速率部前往凤县，自北向南，通过天险连云栈，直趋兴元，以配合大军的行动。五月二十三日，元兴元守将在大军压境的形势下，被迫出城投降。徐达后命金兴旺等留守兴元，自己随即回师西安。

徐达在统兵离开定西，进取兴元的同时，又利用其军队大败王保保的声威，派遣部将邓愈率部前往吐蕃，加强了与吐蕃的联系。

洪武三年七月三十日，曾向明朝称臣的四川夏政权在将军吴友仁的统领下北侵陕西兴元，奉徐达之命留守该城的将

领金兴旺派兵出击，打退了敌人的进攻。第二天，吴友仁又率兵来攻，金兴旺亲自带兵出城迎战。激战中，金兴旺的面部不幸被乱箭射中，流血不止，疼痛异常，但他毫不畏惧，拔出箭头后，继续坚持战斗。在他的带动和鼓舞下，明朝官兵奋勇杀敌，歼敌数百人。由于考虑到自己的守城官兵总共只有三千人，而吴友仁的军队多达三万人，继续硬拼下去于己无利，金兴旺一面下令收兵入城，保存实力，与敌人展开持久战，一面立即派人从小路赶赴宝鸡，求取援兵。正在西安休整的大将军徐达在得知兴元告急的消息后，亲自率军还驻益门镇（今陕西宝鸡市南），命令傅友德先率兵一千沿褒水南下，夜袭木槽关，进攻斗山寨。在夺取斗山寨后，傅友德又遵照徐达的吩咐，下令军中"人持十炬燃于山上"。围攻兴元城的吴友仁见到西北方上忽然升起的上万支火炬，以为明朝增援大军

已经赶到，大惊失色，当晚就乘黑拔营，仓皇逃跑。兴元之围得以解除。

在徐达的西路军顺利击败王保保，并顺势招抚沿途吐蕃各部，解除兴元之围的同时，左副将军李文忠指挥的东路军也于洪武三年五月十六日顺利攻克应昌，抓获元顺帝嫡孙及其后妃、宫人并北元诸王和贵族数千人，并缴获宋、元两朝玉玺及大批珍贵的珠宝玉器，加上大批的骆驼、马匹、牛羊等牲口，东路军也获得了全胜。

洪武三年十月初六，明太祖下令征虏大将军徐达、左副将军李文忠等班师。同年十一月，徐达等班师回朝，朱元璋亲自到龙江迎接北伐将士。随后，大封

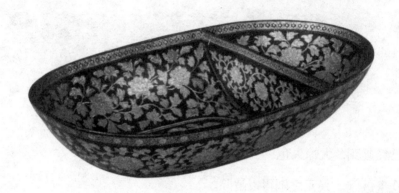

功臣，徐达因功授开国辅运推诚宣力武臣，特晋光禄大夫、左柱国、太傅、中书右丞相参军国事，封魏国公，岁禄五千石，子孙世袭。

（三）首镇北塞，再讨北元

徐达在车道岘大败王保保，李文忠于应昌扫荡故元巢穴，沉重打击了元朝残余势力。但是，元顺帝之子爱猷识理答剌逃离应昌后，又在和林即帝位，其部下的残余兵力依然不可小觑。他们随时有可能重整旗鼓，纵兵南下掠夺。而明朝政府统一北方后，部署在北部边沿地区的驻防官兵及防御体系还非常脆弱，非常需要一个有胆有识、有勇有谋的人前去镇守。徐达再次成为明太祖的最佳人选。

洪武四年（1371年）正月初三，在徐达第一次北征回京后不到两个月，明太祖为了加强北部边防，命中书右丞相魏国公徐达前往北平负责操练军马，修缮城池，镇守北平。半年多后，再次被派转镇山西。同年十二月，徐达自山西回到京城。

　　徐达在镇守北平期间，先后三次迁徙山西、河北等地农民到北平屯田种地，以加强北平的防御力量。徐达将他们分散到长城沿线各卫所，按其户籍服役课税。属籍军户的，发给衣服、粮食，使应军差；属籍民户的，分给田地、牛、种子，使纳租税。前后移民三万五千多户，十九万余人，建立屯田点二百五十余个，垦田一千三百多顷。徐达的这些措施大大减轻了北方军队的粮饷供应问题，使明朝北部边疆日趋稳定。同时，徐达严格训练士卒，修缮城池，加强守备，谨严烽燧，时时防备元朝残余军队的侵扰。徐达因此被明太祖视为"塞上长城"。

　　王保保逃到和林后，重被元顺帝
之子爱猷识理答剌委以重任，王保保的
权势又日渐膨胀。明朝君臣对此极为关
注，担心王保保卷土重来，为害大明北
部边境。洪武五年正月十七日，明太祖
召见魏国公徐达、曹国公李文忠、宋国
公冯胜，分别赏赐交趾弓、彤弓，并对
他们说："古者诸侯有四夷之功，则赐之
弓矢……"徐达等知道明太祖心中不忘
北元，估计朝廷会再度兴师北征。虽然
他们对朝廷连年征战有不同意见，但在
正月二十二日明太祖召集诸将商讨边境事

宜的时候，中书省右丞相、魏国公徐达还是主动请缨，说："今天下大定，庶民已安，北虏归附者相继，唯王保保出没边境，今复遁居和林，臣愿鼓率将士以剿绝之。"但这时，老谋深算的朱元璋并没有急于说出自己的想法，他为了了解将军们的态度，故意说："彼朔漠一穷寇耳，终当绝灭，但今败亡之众，远处绝漠，以死自卫，困兽犹斗，况穷寇乎？姑置之。"这时，在场的将军们纷纷表示："王保保狡猾奸诈，使其在，终必为寇，不如取之，永清沙漠。"明太祖见众将领都赞成出兵，便趁机问道："卿等必欲征之，需兵几何？"徐达自信地回答："得兵十万足矣。"明太祖认为兵分三路同时出击，十万兵力不够，于是他以不容置疑的口气道出了自己胸中的计划，说："兵需十五万，分三道以进。"随即，明太祖仿效洪武三年北征残元时的办法，任命徐达为征虏大将军，总帅由左副将军李文忠负责的东路军、征西将军冯胜负责的西路军以及由徐达亲自统领的中路军三路兵马，中、东、西三路，各为五万兵马。

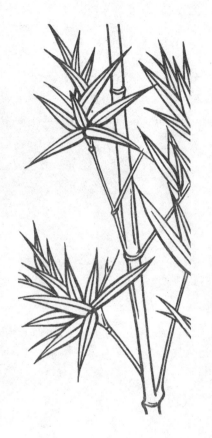

在三路北征官兵中，以徐达亲自指挥的中路军进军最为迅速。二月二十九日，大将军徐达率部进入山西。随即，都督蓝玉奉命为先锋，率兵马先出雁门关。蓝玉兵至野马川时，遇到了一股北元游骑，北元兵不战而逃。蓝玉率部追至乱山，敌军返身迎战，结果被蓝玉打得大败。三月二十日，徐达率军至土剌河一带，与王保保发生遭遇战，蓝玉等勇往直前，再败王保保军。扩廓败逃后，与贺宗哲部合为一军，在岭北布下阵势阻击徐达部队。五月初六，徐达统兵进至岭北，与北元军队对垒。由于明朝官兵连续作战，得不到休整，将士深感疲惫，加之徐达所率的中路军自出征以来连战告捷，进军颇为顺利，军队中产生了骄

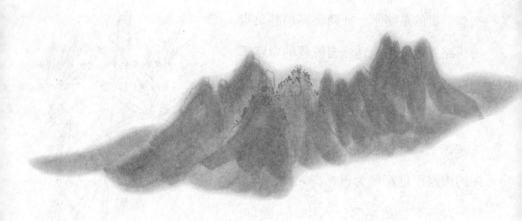

傲轻敌情绪，而王保保、贺联军拼死进攻，明军受挫，死伤数万人。幸亏徐达处变不惊，收缩战线，坚守营垒，才免遭大败。然后，徐达整军而还，敛兵守塞。王保保军队见此未敢贸然追击。中路军刚败，东路军在李文忠率领下长驱直入，王保保在阿鲁浑河（今鄂尔浑河）、称海（和林偏北）布置两道防线层层防御。李文忠率部苦战，损失惨重，宣宁侯曹良臣、骁骑左卫指挥使周显、振武卫指挥同知常荣、神策卫指挥使张耀等高级将领战死，无奈之下，也撤兵南返。三路大军之中，只有冯胜所率西路军完成了作战任务，在西凉州（今甘肃武威）、永昌（今甘肃永昌）、扫林山（今甘肃省肃北县境）、瓜州（今甘肃安西）、沙州（今甘肃敦煌）击败北元军，占领甘州（今甘肃张掖）和亦集乃路。这一次北伐，收获远少于损失，明太祖朱元璋不得不承认失败。同年十月，征西将军冯胜等因北方天气日渐寒冷，先从甘肃班师回到了京城。十一月，征虏大将军徐达、左副将军李文忠也因塞上苦寒，撤驻山西、北平等近边地区休整后，也奉诏回到了京师。

（四）修建山海关

自洪武五年出征北元失利后，明太祖逐渐认识到元朝残余军事力量一时难以消灭，因此明朝对北方的战略从以攻为主转为以防御为主。从此，徐达长期在北平、山西一带练兵戍边，镇守北平十余年。虽然徐达其间还多次奉诏出征北漠，讨伐北元，但由于北元残兵势力已大不如前，王保保也于洪武八年八月在漠北死去，明朝也少了一个劲敌，因此此后的征伐也较以前顺利了很多。洪武十四年（1381年）正月初二，由于北元平章乃儿不花等犯境，明太祖再次诏命魏国公徐达为征虏大将军，率左副将军信国公汤和、右副将军颍川侯傅友德等将士前往讨伐。徐达奉命来到北平后，一面加紧开展战前准备工作，一面积极修缮沿边关隘，以完善北部防御体

系，增强其战守能力，以有效抵御北元
骑兵的入侵。正月二十五日，徐达下令调
发燕山等卫屯兵一万五千余人，修筑永
平府界岭等三十二处关隘，这就是闻名
世界的山海关。嘉靖年间的《山海关志》
里面记载说："国朝洪武十四年，创建城
池关隘，名山海关。"从此，山海关成了
北京东面的咽喉要塞。山海关的修建，
使这一带的长城固若金汤，成为阻止蒙
古骑兵南下的重要屏障，也使得周边的

老百姓从此免于战乱，更使大明王朝从此没有了蒙古兵经常在这一带不断骚扰而又奈何不得的痛楚。同年四月十五日，大将军徐达正式统领官兵出塞，讨伐北元之兵。右副将军傅友德为前锋，率军进抵北黄河，北元骑兵惊恐万分，仓皇逃走。傅友德选派轻骑乘夜袭击灰山，将其一举攻克，擒元将别里不花、太史文通等，并俘获大批人口、牲畜。稍后，徐达派部将西平侯沐英率兵出古北口（今北京市密云县东北），连克全宁等蒙古四部。生擒北元枢密知院李宣，俘虏敌众

一千余人。同年八月二十九日，徐达等
奉诏班师回到京城，为他生平最后一次
出征画上了一个圆满的句号。

（五）戎马一生，将星陨落

自元至正十三年投奔朱元璋所领导
的红巾军以后，徐达或拼杀沙场，身冒
矢石，或出镇边塞，历经雨雪风霜，数
十年如一日，为开辟大明江山、稳固新
生的明朝政权呕心沥血。长期的戎马生
涯，奔波劳累，使徐达的身体逐渐支撑
不住，终于积劳成疾，一病不起。洪武
十七年(1384)闰十月，徐达在北平病重，
朱元璋遣使将他召还京师应天。据史料
记载，在徐达疮疾缠身、久治不愈时，
明太祖心急如焚，唯恐失去他这位开国
元勋。为了能使徐达早日康复，明太祖
不但遣使"四召名医治之"，而且特地在
洪武十七年十二月举行祭礼，祷告山川、

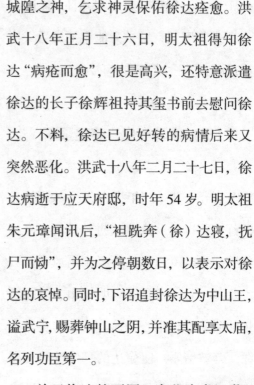

城隍之神，乞求神灵保佑徐达痊愈。洪武十八年正月二十六日，明太祖得知徐达"病疮而愈"，很是高兴，还特意派遣徐达的长子徐辉祖持其玺书前去慰问徐达。不料，徐达已见好转的病情后来又突然恶化。洪武十八年二月二十七日，徐达病逝于应天府邸，时年54岁。明太祖朱元璋闻讯后，"祖跣奔（徐）达寝，抚尸而恸"，并为之停朝数日，以表示对徐达的哀悼。同时，下诏追封徐达为中山王，谥武宁，赐葬钟山之阴，并准其配享太庙，名列功臣第一。

关于徐达的死因，有些史书记载："（徐）达病疽，甫痊，赐蒸鹅，流涕食之而卒。"这些材料虽不完全可靠，但也不是捕风捉影，随意捏造的。朱元璋当了皇帝以后，为了确保朱明皇朝"万世一系"，便想方设法加强皇权，凡是他认为有碍于独裁统治的人，不管是勋臣，还是宿将，一律剪除。胡、蓝党狱，把功

臣旧将几乎一网打尽。前一年又将南征
北战、立下大功的义子亲外甥李文忠暗
中毒死。徐达虽为开国功臣，立下盖世
奇功，而且一直忠贞不贰，但想到他的
震主之威，朱元璋"赐蒸鹅"一事也就
并非子虚乌有了。

六、有关徐达的民间传说

在民间传说和野史笔记中，有关徐
达的逸闻趣事很多，但是其中多有失实
或有待证实之处。

（一）庆功楼上紧随驾

朱元璋建立明朝后，对追随他南征
北战、为其夺取天下立有汗马功劳的功
臣心存疑忌。为巩固大明江山，明太祖
朱元璋决定效法汉高祖刘邦，大杀功臣。

但是，这些功臣手掌军政大权，要将他们除掉并不是一件容易的事：一方面计划要天衣无缝，必须确保行动万无一失；另一方面，要想事后瞒天过海，必须预先想好一个能使天下人信服的理由，否则必将留下千古骂名。传说明太祖在此时心生一计，下令建造一座庆功楼，想借大宴功臣的机会，将他们一网打尽。

听说朝廷要建造庆功楼大宴群臣，那些开国功臣们无不深受感动，称颂圣上英明。但是，军师刘伯温却忧心忡忡。第二天，他来到皇宫，要求觐见太祖皇帝。见了明太祖后，他恳求说："如今王业已成，臣责已尽，但愿陛下允许臣辞官归田。"太祖愕然，忙说："军师随朕辛苦半生，如今正当享福，为何却要归隐？"刘伯温说："朝中政事费神，臣年老力衰，只想过个清闲的晚年。"明太祖再三挽留，无奈刘伯温去意已决，于是取出许多金银相赠，并亲自将他送出宫外。

刘伯温走出皇宫后，径直来到魏国公徐达府上，向他辞行。临别前，刘伯温紧紧握着徐达的手说："徐兄，小弟走了，有一句话务必牢记：庆功楼上紧随驾（意即：庆功楼庆宴之日，你要紧随皇上，寸步不可离开）！"徐达听了，一时摸不

着头脑，想问个究竟，但刘伯温未做过多解释，只说："务必照此行事，日后便知。"

庆功楼建成了。这座楼，坐落在鼓楼岗的山坡上，楼身阔而矮，窗户高而狭。从表面上看，它很结实，也很安全。明太祖选了一个"良辰吉日"，邀请朝廷所有功臣前来赴宴。这一天，太阳刚刚下山，庆功楼里一片笙歌，灯火辉煌。赴宴的功臣们互相恭喜道贺，好不热闹。唯有徐达心事重重，毫无心思与众人寒

暄，因为刘伯温的临别赠言一直在他脑海里回荡。徐达举目望望楼顶，雕梁画栋，纵横相连；低头看看地面，方石成格，平滑如镜。忽然，他把耳朵紧贴墙壁，用手在墙上敲了几下，觉得声音"咚咚"发喻，他的脸"刷"的一下，白得像纸一样，这时，只听得一声喝道："皇上驾到！"百官肃立，躬身行礼，中间让开一条通道。明太祖朱元璋昂然走进大厅，笑容满面，来到席前，忙叫免礼。众人纷纷直起腰来。

在酒筵上，大臣们开怀畅饮，彼此谈起了往事和家常，场面热闹非凡。徐达酒量很大，但今天却怎么也不敢多喝，仔细地观察着明太祖的一举一动。当大臣们酒兴正浓时，朱元璋忽然站起身来，向门口走去。徐达连忙随后跟上。太祖发觉身后有人，回头一看，见是徐达，便问："丞相为何离席？"徐达说："特来保驾。"明太祖说："不必不必，丞相请回。"徐

达哀戚地说:"皇上真的一个也不留吗?"太祖朱元璋暗暗一惊,心想:这家伙好精明!竟然识破了我的机密。徐达见明太祖不言语,又说:"皇上如果执意不肯,臣不敢违命,恳望皇上日后能照顾好臣的妻儿老母。"说罢,转身欲回。明太祖忙说:"丞相随朕来。"

明太祖和徐达才走出几百步,突然,"轰隆隆"一声巨响,庆功楼顿时火光冲天。可怜满楼功臣,全部葬身火海。

(二)徐达之死

据说,徐达虽然侥幸逃脱了庆功楼之难,但明太祖朱元璋并未就此罢休,仍在继续寻找除掉徐达的机会。后来,机会终于来了,徐达患上了背疮!生背疮忌讳吃鱼肉和饮酒,尤其忌食鹅肉,因为鹅肉是发物。与煮鹅相比,蒸鹅因为肉力未进入汤汁,全保留在肉里,劲力更猛，为背疮第一大忌。

明太祖得知徐达生背疮的消息后，心中暗喜，立即亲自生火蒸鹅，然后派两个小太监拿去送给徐达。

此前，徐达经过服药治疗，背疮已经好了许多，正躺在床上静养。忽然，两名小太监破门而入，说："皇上听说丞相贵体欠安，特命我们前来问安。"徐达知道，自己得了背疮，皇上还钦赐鹅肉，这明明是赐死啊。想着想着，两行热泪潸然而下。迫于无奈，他只得上前谢过隆恩，吃下鹅肉，随即背疮骤然加剧，十天后便一命呜呼。

（三）南京"胜棋楼"的来历

我国的名胜古迹，可谓星罗棋布，然而有关棋牌的古迹，却只发现两处，其中之一便是这南京的"胜棋楼"。

"胜棋楼"坐落在南京莫愁湖畔。它坐北朝南，是一座古朴的两层建筑，楼下陈列着名人字画，楼上悬挂着明太祖朱元璋和中山武宁王徐达下棋的画像。楼外两侧槛栏上的楹联写着："粉黛江山留得半湖烟雨，王侯事业都如一局棋枰。"

"胜棋楼"原名"对弈楼"，始建于明洪武元年。正门中堂有棋桌，相传这里是专供明太祖下棋之处，故名"对弈

楼"。它后来为何又改为"胜棋楼"呢?说到"胜棋楼"的来历,这儿还有一段千古佳话呢!

传说明太祖朱元璋很喜欢下围棋,只是棋艺很差。徐达也很喜欢下围棋,且棋艺水平比朱元璋高得多。朱元璋经常找徐达对弈。徐达是个明白人,他知道朱元璋和其他朝代皇帝一样,喜欢别人吹捧,喜欢被戴高帽子,做什么都要比别人强。所以他每次与朱元璋下棋时,都略负数子,以便让皇上高兴。久而久之,明太祖识破了徐达的心思。有一天,朱元璋与徐达游南京城外的莫愁湖。走着走着,朱元璋忽然棋瘾上来了,便要与徐达下棋,并对徐达说:"你每次下棋都故意输给朕,你这样是犯了欺君之罪!"吓得徐达连连叩头。接着,他又说:"今日下棋,你要使出真本领,朕要与你决一胜负,无论谁输谁赢,朕都高兴。如果你胜了,朕就把这湖赐给你。"

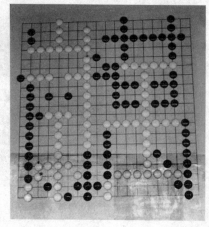

徐达听了点头同意，但心中很矛盾："这盘棋要赢了吧，怕触怒了皇上，故意输了又怕犯欺君之罪，最后思来想去，他忽然眉头一皱，计上心来，与朱元璋认真下起棋来。

这盘棋不像之前与朱元璋下棋时一样不敢赢，而是从开局便每子必争，寸土不让，连连进攻出击，只杀得朱元璋手忙脚乱，一盘棋下来，朱元璋竟然没剩下多少活子。朱元璋自觉丢了面子，正要发作，徐达赶紧跪下说："请陛下细看全局。"朱元璋仔细看了看，发现棋盘上竟用棋子组成了"万岁"二字。他立刻转怒为喜，龙颜大悦，对徐达的棋艺更加佩服得五体投地，于是下令把莫愁湖赐给了徐达，并将"对弈楼"改名为"胜棋楼"。为此，后人还撰写了一副对联"烟雨湖山六朝梦，英雄儿女一枰棋。"

（四）山海关的由来

据说在六百多年前，朱元璋做了大明朝皇帝，他下了一道旨，派元帅徐达和军师刘伯温到京城以北的边塞之地围城设防，两年之内，必须完成。

徐达、刘伯温二人领了旨，带着人马，即日起程，很快就到了边塞。第二天，两人骑马登高瞭望，寻找筑城的地方。要讲筑城，徐达是外行，他只会交兵征战，冲锋陷阵，围城设防，却不如刘伯温。刘伯温上知天文，下知地理，学问很大。徐达站在高处一看，连说："好地方，好战场！"刘伯温却一声不响。

第三天，他二人骑马又来这里，徐达又连声说："好地方，难得的好地方啊！"刘伯温还是一声不哼。第四天，他二人骑马又来到这里，徐达又连连说："好战场啊，好战场！"刘伯温还是不哼一声。徐达见状不解，忙问："军师，你我二人领旨来此围城设防，一连三日，你一言不发，到底为什么？""为了大明江山！还为了你……""为我？此话怎说？"刘伯温用马鞭指了前方说："元帅你看，北边燕山连绵，南边渤海漫天，在此筑起雄关，真可谓一夫当关，万夫莫开啊！"徐达素知军师谋略高，就问："你想修个什

么样的？"刘伯温说："这座城要比别的
地方的城高大，要城连城、城套城、楼
对楼、楼望楼，筑一座铁壁金城。"刘伯
温又用马鞭朝四周一指，说："元帅，这
里既是个好战场，又是个好居处。你看，
这里土地肥沃，气候温和，真是个安家
定居的好地方呀！"徐达一听恍然大悟，
想起军师说"还为了你"的话。徐达连
连叫好，当日回营，二人连夜画图，第二
天派将送往京城。朝廷准奏，立刻动工。
整整干了一年零八个月，城池竣工。

这天早朝，朱元璋一看徐达、刘伯
温回来了，就问："二位爱卿回京，城池

可筑成？"二人出班奏道："托圣上洪福。"
朱元璋又问："可曾命名？"徐达、刘伯
温二人一听，都愣住了。当时降旨，只叫
筑城，未让命名呀！徐达心直，刚要张嘴，
只见刘伯温跨前一步说："臣等未敢妄动。
只是那座城，南入海北依山，真可谓山
海之关，万岁圣明，请恩示吧！"朱元璋
一听，把手一摆说："好，就叫山海关！"

从朝里回来，刘伯温随徐达到了徐
府，对徐达说："我不能再在朝为官了，
我得走了。"徐达忙问："干什么去？"刘
伯温说："我本是山野道人，还是云游四
海去吧！"徐达不解，说："你我随皇上
南征北战，平定江山，如今又修了山海
关城，可谓劳苦功高，本该享受荣华富
贵，这么走了，皇上知道不会准奏的。"
刘伯温说："差矣！万岁如让你我共享荣
华，就不会派我们俩边塞筑关城，也不
会只给两年期限。你我若不接旨，性命
难保；接旨若不按期完工，又犯欺君之

罪；若筑成私下命名，属目无皇上；而今未敢命名，也属办事不周，这只是刚刚开始呀！"徐达大惑："军师，你是说……"刘伯温手一挥说出"兔死狗烹，鸟尽弓藏。帝与臣，可与共患难不可与共享乐的例子还少吗"一席话，说得徐达目瞪口呆，半天才说："军师，你一走了之，我怎么办？"刘伯温说："你不能走，你要随朝伴驾，无论何时，不要离开万岁左右。赶你，你也不要离开。另外，你的孩子不能留在京城，让他们到山海

关去吧。那里城高池深，不受兵刀之苦，即使烽火连天，此处进有平川，退有高山，是用武之地。"徐达说："就照军师的话做。明天就叫小儿去山海关。"正说着，闯进一员大将，姓胡名大海。他在帐外听到了徐、刘二人谈话，进屋就嚷："元帅，我与你出生入死，驰骋疆场，如今公子要去山海关，我也打发一个孩子随他同行吧！"话音没落，大将常遇春又来了。刘伯温素知眼前这三位是生死之交，就把事情原委告诉了他们。常遇春也坚持打发一个孩子同去山海关。

不久，刘伯温不辞而别，徐达按刘伯温所言，寸步不离皇上，方保性命。而胡大海、常遇春等开国元勋，竟都糊涂地死在庆功楼火海之中。

再说，徐达、胡大海、常遇春的三个儿子到了山海关，定居安家。后来，这三家的后代，在山海关城里修了徐达庙，城东北修了胡家坟，城西南修了常家坟，都立了石人、石马和石牌坊。

（五）显功庙与徐达墓

　　徐达修建了天下第一关——山海关，
后人为了表彰他的显赫战功以及他修筑
山海关的功劳，明景泰五年(1454年)，
朝廷下令在山海关城内为徐达立庙祭祀，
成化七年（1471年）建成，所建之庙叫
显功庙，又称太傅庙、徐达庙，由内阁
大学士商辂撰《显功庙记》，勒石立碑。
可惜的是此庙今天已经不存在了，遗址

在山海关北街居民前胡同。

太傅提兵出塞还,

更因渝塞起渝关。

石驱到海南城堞,

垒筑连云北倚山。

辽水至今来靺鞨,

蓟门终古镇夷颜。

岁时伏腊犹祠庙,

麟阁勋名孰与班?

这是明嘉靖年间山海关兵部分司主事陈绾写的《显功庙》诗,它歌颂了徐达筑山海关建山海卫的丰功伟绩。

　　徐达墓位于南京钟山，是明初诸功臣墓中保存较好的。墓前丰碑石马，规模宏大。其中最为引人注目的，是洪武十九年(1386年)立的"御制中山神道碑"。这块碑通高8.95米，宽2.2米，厚0.7米，下承龟趺，蔚为壮观，比明孝陵(太祖墓)四方城的"神功圣德碑"还高出0.11米，它是明代功臣墓中最大、最有代表性的一块神道碑。碑文由明太祖朱元璋亲自撰写，共约2100余字，记载了徐达一生的主要活动和功绩。更让人惊奇的是，这块碑的碑文里有标点符号，这实在罕见，可算是古碑中的一件奇闻。学者经过研究认为，大概碑文是由臣下代笔，而他们怕没有文化的朱元璋读起来不方便，于是用圆圈断句，然后交付工匠镌刻，因是皇帝"御制"，工匠只得依样画葫芦，于是给我们留下了这块标有句读的碑文。

（六）徐达的情感生活

元至正二十二年，徐达拜见朱元璋，在吴国公朱元璋应天府的后花园中，偶遇一个天姿国色、庄重矜持，颇有大家风范的妙龄女子。她是朱元璋麾下的枢密院判官、掌管军事事务的官员谢再兴的小女谢闻莺。两人四目相对，心灵感觉到强烈的震撼，不觉彼此相互多看了几眼。那天，正下着毛毛细雨，姑娘的云鬟都被雨水打湿了。徐达充满柔情地掏出自己的丝帕，轻轻地为姑娘擦去发髻的雨滴。姑娘接过丝帕，深情地、含羞地望了徐达一眼，转身离去了。徐达愣在那里，心中明白：这就是自己寻觅已久的可以相伴终生的妻子。

原来谢闻莺是来探视自己儿时的伙伴，郭子兴的小女儿寅妹（即后来的郭宁妃）的。多情的姑娘被徐达的英姿和温柔的情愫深深打动，在那方丝帕上，含情地绣上了一树春柳，枝头上一对黄莺交颈相向啼鸣。闻莺将心事吐露给寅妹。没想到，寅妹在枕边将这段风流韵事当新鲜事告知了朱元璋。言者无心，听者有意。雄才大略的朱元璋毕竟是将要成就大业的雄主，很懂得驭人之术、怀柔之策。他要用一段自己主持的姻缘笼络徐达，现在有机会了。半年后，朱元璋不听刘伯温劝阻，派徐达、常遇春率大军强攻东吴王张士诚以重兵把守的坚城合肥，城内守军负隅顽抗，此城久攻不克。朱元璋进退两难，为安抚前线将帅，特召徐达回应天府述职，以刘伯温为媒，不待谢再兴从镇守的诸全、浙江绍兴一带赶回，就将谢闻莺嫁给徐达，看似成就了一段美满姻缘。因为新娘来红，新婚之夜，一对恋人相拥而坐，直至天明，君命难违的徐达，只能丢下新婚的妻子，赶赴合肥前线。

天有不测风云，人有旦夕祸福。因

明　常遇春

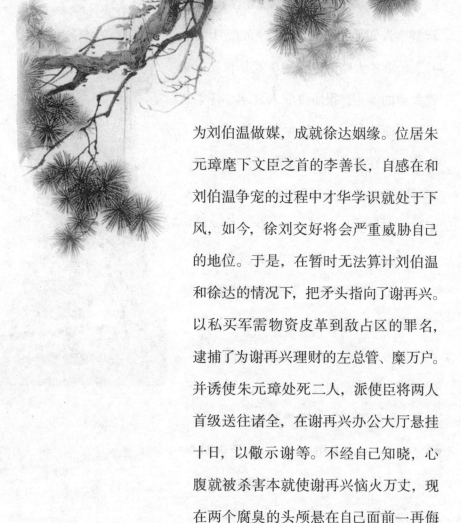

为刘伯温做媒，成就徐达姻缘。位居朱元璋麾下文臣之首的李善长，自感在和刘伯温争宠的过程中才华学识就处于下风，如今，徐刘交好将会严重威胁自己的地位。于是，在暂时无法算计刘伯温和徐达的情况下，把矛头指向了谢再兴。以私买军需物资皮革到敌占区的罪名，逮捕了为谢再兴理财的左总管、糜万户。并诱使朱元璋处死二人，派使臣将两人首级送往诸全，在谢再兴办公大厅悬挂十日，以做示谢等。不经自己知晓，心腹就被杀害本就使谢再兴恼火万丈，现在两个腐臭的头颅悬在自己面前一再侮辱自己，刚直勇猛的骁将忍无可忍，便杀了知府，举兵造反，投往张士诚。

闻变后，谢闻莺退归谢宅，日夜以泪洗面。徐达班师归来，一连三日，三扣其门而不得见。不得已求助于刘伯温，以"婚姻，百年大计，娶闻莺不会轻易心变"为由，得见闻莺。不想徐达携闻莺回家后，仍不被接纳，被迫于绣户门外守候一夜，自明心志，才终于感动了谢闻莺。

此后的二十四年，他们的婚姻时时经受着考验。当年，谢再兴率师来犯东阳，朱元璋从李善长计，为考验徐达，命其率军往援，与岳父对阵，以生死相搏。幸好谋臣朱升以善言劝喻朱元璋，改为率军援救被陈友谅大军围攻两月的洪都才免了一劫。至正二十八年，朱元璋登基为大明皇帝，建元洪武，为控制将兵在外的大将，召徐达进宫宴饮，将其灌醉，以宫中负有特殊使命的女侍侍寝，待生米做成熟饭，逼迫徐达就范。从此在徐

达身边安放了一个自己的耳目。

芒刺在背，日月不宁。为谢氏身心健康和安宁，也为让皇帝放心，徐达不得已在第二年，被免除右相国之职，专授征虏大将军，住镇北平时，带皇帝密探赴任。此后十七年，徐达巡视长城九边，筑山海关城，屯田戍边，移山东、山西兵民往戍长城九边并屯垦，直至鞠躬尽瘁，死而后已。

徐达的爱情是凄艳而悲凉的。他用自己的谦恭、忠诚、勤勉、忍让，以自己的功名富贵为代价，小心翼翼地守护着这份爱情。但后半生，也始终是战战兢兢，如履薄冰，心中煎熬，芒刺在背。沉重的精神压力、妻子的病痛和久征沙场的劳顿，过早地夺去了他年仅五十四岁的生命。